Les textes et les recettes ont été rédigés par Johanna LUCCHINI.

Les photographies sont de SAEP/Jean-Luc SYREN et Valérie WALTER
sous la direction artistique de Jean-Luc SYREN.

Les plats ont été préparés par Jean-François CAMPAGNE.

La coordination a été assurée par SAEP/Éric ZIPPER.

Composition et photogravure : SAEP/Arts Graphiques.

Impression : Union Européenne.

Conception : SAEP CRÉATION
68040 INGERSHEIM - COLMAR

blinissimes

βlinis

ÉDITIONS S.A.E.P. 68040 INGERSHEIM - COLMAR

Signification des symboles accompagnant les recettes

- Préparation très simple
- Préparation facile
- Préparation élaborée

- Peu coûteuse
- Raisonnable
- Coûteuse

- Accord mets et vins

Introduction

Dans la tradition culinaire russe, les blinis, petites crêpes épaisses, se mangeaient chauds et salés en hiver, en plat unique ou encore accompagnés de vodka frappée et de caviar pour célébrer l'arrivée du printemps.

Aujourd'hui, les blinis ont su s'adapter au goût du jour. Indispensables sur vos tables pour les brunchs, ils remplacent astucieusement le pain en pique-nique ou à l'apéritif. Salé ou sucré, le blinis se marie avec une grande variété de garniture, de la plus simple, fromage ou confiture, à la plus raffinée, caviar, saumon ou mousse de langoustine...

De quoi ravir les papilles de tous vos invités !

Quelques conseils

✓ Veillez à graisser la poêle de façon uniforme. Pour cela, vous pouvez prévoir un tampon de tissu imbibé de beurre fondu ou d'huile avec lequel vous essuierez la poêle entre deux blinis. Une autre méthode consiste à prendre un petit cube de pomme de terre, à le piquer sur fourchette et à le tremper dans le beurre fondu ou l'huile pour enduire le fond de la poêle. Ces procédés vous permettront de ne pas utiliser trop de matière grasse et d'obtenir des blinis uniformément dorés.

Il est préférable de mélanger la levure à de l'eau tiède, cela favorisera la levée de la pâte. De l'eau trop froide ralentirait le processus. De la même façon, essayez de mettre la pâte à reposer dans un endroit chaud et sec.

Les blinis sont assez longs à préparer puisque la pâte doit lever. Cependant, il est tout à fait possible d'en préparer une grande quantité puis, une fois cuits, de congeler le surplus, que vous réchaufferez ensuite sans problème au four au gré de vos envies.

✓ Ayez de bons ustensiles :

- une poêle de 12 cm de diamètre environ, antiadhésive si possible et surtout à fond épais ;
- une spatule, en bois de préférence, pour retourner les blinis ;
- un batteur pour les blancs en neige ;
- quelques ramequins pour présenter mousses, crèmes ou purées qui accompagneront vos blinis ;
- un mixeur ou un moulin à légumes pour mixer les légumes et les fruits.

✓ Que boire ?

Selon les goûts, on pourra boire du cidre brut ou doux, du vin blanc ou encore du lait ribot (lait fermenté que l'on boit avec les galettes de blé noir en Bretagne). Mais, bien sûr, la boisson de prédilection reste la vodka frappée ! Pour les blinis sucrés, les jus de fruits, un thé aromatisé ou encore un bon chocolat chaud feront très bien l'affaire.

La « petite eau »

D'origine russe, la vodka, ou « petite eau », est obtenue à partir de la distillation de céréales. Lisse et transparente, elle doit être purifiée plusieurs fois pour augmenter sa teneur en alcool et affiner sa saveur – cette technique ancestrale remplace le vieillissement en fût.

Servie glacée, une vodka de qualité doit « faire huile » quand on la verse. Très appréciée réfrigérée pour animer un repas de saumon fumé et de caviar, elle se boit dans de petits verres que l'on vide d'une seule gorgée. En effet, le froid a le mérite d'exalter les arômes des alcools de grains, qui ont tendance à devenir insipides et sirupeux à température ambiante.

On trouve également dans le commerce des vodkas parfumées, souvent originaires de Pologne, dont la plus connue est parfumée à l'herbe de bison. Mais vous pouvez choisir d'aromatiser vous-même votre vodka en ajoutant de l'anis, des zestes de citron ou d'orange, des piments, du cumin, des pruneaux... ou encore du miel ; dans ce dernier cas, on la boira chaude comme pour un grog.

Vodka au citron

Mettre le zeste de citron dans la vodka et laisser reposer 1 semaine à température ambiante.

Réfrigérer avant de servir.

On peut laisser le zeste dans la bouteille.

Pour 1 l

Préparation : 5 min
Repos : 1 semaine

Le zeste de 1 citron
1 l de vodka.

Vodka au cumin

Mélanger les deux ingrédients, bien refermer la bouteille et laisser reposer 1 semaine à température ambiante.

Filtrer et réfrigérer avant de servir.

Pour 1 l

Préparation : 5 min
Repos : 1 semaine

2 cuil. à soupe de cumin en grains
1 l de vodka.

Le caviar

Mot d'origine turque ou tatar, *Khâviar* signifie œufs de poisson.

Les esturgeons sont fréquents dans tous les types d'eaux de l'Europe centrale. Il en existe différentes variétés qui donneront des œufs de couleur et de saveur diverses. Un esturgeon femelle adulte produit 15 à 20 % de son poids en caviar.

Parmi les plus connues, on peut citer le bélouga, qui est le plus imposant de tous les esturgeons (jusqu'à 6 m) et le seul de sa famille à être carnivore. Il produit des œufs assez gros de couleur grise à la peau très fine. Le sévruga est, lui, le plus petit des esturgeons (pas plus de 1,50 m). Ses grains sont petits, foncés et d'un goût plus prononcé. Enfin, l'osciètre, dont la couleur des œufs va du gris foncé au brun foncé en passant par le doré. Les grains ont une subtile saveur de crème et de noix.

La fabrication du caviar est très simple mais exige de la rigueur : la femelle pêchée doit rester vivante jusqu'à l'ouverture du ventre, qui permet l'extraction des œufs. Les œufs d'esturgeon sont un produit fragile qui doit être transformé immédiatement et soigneusement.

On trouve dans le commerce des caviars préparés selon plusieurs méthodes.

Celle du caviar pressé consiste à laver et à filter les œufs dans de l'eau bouillante salée puis à comprimer jusqu'à ce que la plus grande partie de l'huile soit extraite. Les œufs forment alors une masse dense qui peut être coupée en tranche ou étalée. C'est la méthode de conditionnement la plus ancienne et qui donne au caviar une saveur marine prononcée. Le caviar peut aussi être pasteurisé, ce qui permettra une meilleure conservation – environ deux ans. Pour cela, les œufs sont rincés plusieurs fois à l'eau froide avant d'être transvasés dans des cuves (pas plus de 15 kg) et recouverts de sel et de borax. Seuls les experts connaissent la bonne quantité de sel, qui donnera le meilleur résultat...

Il est difficile de définir le « meilleur » caviar, même si le béluga est le plus recherché. Mais, avant tout, le caviar est un luxe suprême, une expérience unique et sensuelle ; alors, ne résistez pas à ce plaisir et laissez-vous tenter !

Blinis et mousse à l'avocat et au caviar

4 à 6 pers.

Préparation : 40 min
Cuisson : 6 min/blinis
Repos : 2 h

Pour les blinis :
3 œufs
150 g de farine de sarrasin
50 g de farine de froment
10 g de levure
25 cl de lait
25 cl de crème fraîche liquide
20 g de beurre ramolli
3 cuil. à soupe d'huile
1/2 cuil. à café de sel.

Pour la garniture :
3 avocats bien mûrs
1 oignon blanc émincé
Le jus de 1/2 citron
1 cuil. à soupe de crème fraîche
1/2 cuil. à café de paprika
30 g de caviar sévruga
Sel, poivre.

Champagne : son pétillement met en valeur ce plat sublime, servi de 6 à 8 °C.

Séparer les blancs des jaunes d'œufs. Réserver les blancs.

Dans un saladier, mélanger les 2 farines avec le sel.

Verser la levure dans le lait tiédi puis l'incorporer à la farine. Ajouter la crème, le beurre et les jaunes d'œufs.

Mélanger jusqu'à obtention d'une pâte lisse puis laisser reposer au moins 2 heures.

Prélever la chair des avocats et la placer dans un mixeur. Ajouter l'oignon et le jus de citron. Mixer puis ajouter la crème et le paprika. Saler et poivrer. Réserver au frais.

Incorporer délicatement les blancs d'œufs battus en neige à la pâte.

Faire chauffer la poêle à blinis huilée et y faire dorer les blinis de chaque côté.

Répartir la mousse à l'avocat sur les blinis et ajouter quelques grains de caviar sur le dessus, juste avant de servir.

Blinis au caviar et à la crème aigre

Séparer les blancs des jaunes d'œufs. Réserver les blancs.

Dans un saladier, mélanger les 2 farines avec le sel.

Verser la levure dans le lait tiédi puis l'incorporer à la farine. Ajouter la crème, le beurre et les jaunes d'œufs.

Mélanger jusqu'à obtention d'une pâte lisse puis laisser reposer au moins 2 heures.

Incorporer délicatement les blancs d'œufs battus en neige à la pâte.

Faire chauffer la poêle à blinis huilée et y faire dorer les blinis de chaque côté.

Napper les blinis de crème et garnir de quelques grains de caviar.

Servir aussitôt.

Cette recette, la plus classique mais aussi la plus recherchée, se dégustera avec une bonne vodka frappée.

6 pers.

Préparation : 45 min
Cuisson : 15 min
Repos : 2 h

3 œufs
150 g de farine de sarrasin
50 g de farine de froment
10 g de levure
25 cl de lait
25 cl de crème fraîche liquide
20 g de beurre ramolli
3 cuil. à soupe d'huile
25 cl de crème aigre
80 g de caviar
1/2 cuil. à café de sel.

Pourquoi ne pas servir un verre de **vodka** très fraîche ?

Blinis au saumon fumé

Délayer la levure et la farine de froment dans 25 cl de lait. Mélanger et laisser lever pendant une vingtaine de minutes dans un endroit chaud.

Pendant ce temps, casser les œufs en séparant les blancs des jaunes.

Dans un saladier, tamiser la farine de sarrasin et ajouter les jaunes d'œufs, le levain, le reste de lait, la crème fraîche liquide et une grosse pincée de sel. Laisser reposer 1 heure.

Battre les blancs en neige et les incorporer à la pâte.

Faire chauffer la poêle avec une noisette de beurre et y faire dorer les blinis.

Mettre les blinis tièdes sur les assiettes et y disposer les tranches de saumon.

Servir accompagnés de crème fraîche et de quartiers de citron.

4 à 6 pers.

Préparation : 35 min
Cuisson : 6 min/blinis
Repos : 1 h 30 min

10 g de levure de boulanger
25 g de farine de froment
40 cl de lait
2 œufs
125 g de farine de sarrasin
5 cl de crème fraîche liquide
Beurre
4 tranches de saumon fumé
25 cl de crème fraîche épaisse
1 citron
Sel.

Chablis : se boit jeune avec les plats respirants la fraîcheur servi de 12 à 14 °C.

Blinis à la sauce russe

4 à 6 pers.

Préparation : 45 min
Cuisson : 6 min/blinis
Repos : 2 h 15 min

Pour les blinis :
10 g de levure de boulanger
25 g de farine de froment
40 cl de lait
2 œufs
125 g de farine de sarrasin
10 cl de crème fraîche
Beurre
Sel.

Pour la sauce russe :
1 jaune d'œuf
2 cuil. à café de moutarde forte
25 cl d'huile
25 g de partie crémeuse de homard cuit
25 g de caviar
Sel, poivre.

Délayer la levure et la farine de froment dans un verre de lait et laisser reposer 15 minutes.

Pendant ce temps, séparer les blancs des jaunes d'œufs.

Tamiser la farine de sarrasin dans un saladier, ajouter les jaunes d'œufs un à un, la levure, la crème, une demi-cuillerée à café de sel et le reste de lait tiédi. Laisser reposer 2 heures.

Pendant ce temps, mélanger le jaune d'œuf et la moutarde dans un bol. Saler et poivrer. Verser l'huile petit à petit en tournant énergiquement avec un fouet ou une fourchette.

Passer les parties crémeuses du homard au tamis puis les incorporer à la mayonnaise avec le caviar.

Dans une petite poêle, faire fondre une noisette de beurre et y verser une louche de pâte.

Faire cuire les blinis 3 minutes de chaque côté. Poursuivre jusqu'à épuisement de la pâte et les réserver au chaud.

Servir les blinis tièdes accompagnés de sauce russe.

Riesling : un des rares vins qui fasse honneur au caviar, servi de 8 à 10 °C.

Blinis à la purée d'anchois

Délayer la levure et la farine de froment dans un verre de lait et laisser reposer 15 minutes.

Pendant ce temps, séparer les blancs des jaunes d'œufs.

Tamiser la farine de sarrasin dans un saladier, ajouter les jaunes d'œufs un à un, la levure, la crème, une demi-cuillerée à café de sel et le reste de lait tiédi. Saler. Laisser reposer 2 heures.

Pendant ce temps, écaler les œufs. Séparer les jaunes des blancs.

Passer les filets d'anchois sous l'eau pour les dessaler. Les réduire en purée au mixeur avec les jaunes d'œufs et le beurre. Ajouter les fines herbes et mélanger.

Monter les blancs d'œufs en neige et les incorporer à la pâte à blinis. Dans une poêle, faire fondre une noix de beurre et y faire dorer les blinis 3 minutes sur chaque face.

Servir les blinis accompagnés de purée d'anchois et de quartiers de citron.

4 à 6 pers.

Préparation : 45 min
Cuisson : 6 min/blinis
Repos : 2 h 15 min

Pour les blinis :
10 g de levure de boulanger
25 g de farine de froment
40 cl de lait
2 œufs
125 g de farine de sarrasin
10 cl de crème fraîche
Beurre
Sel, poivre.

Pour la purée d'anchois :
4 œufs durs
75 g de filets d'anchois
50 g de beurre
1 cuil. à soupe de fines herbes
2 citrons.

Graves blanc : puissant et nerveux, à la saveur franche, servi de 8 à 10 °C.

Blinis à la crème d'avocat et aux crevettes

6 pers.

Préparation : 45 min
Cuisson : 15 min
Repos : 2 h

3 œufs
150 g de farine de sarrasin
50 g de farine de froment
10 g de levure
25 cl de lait
25 cl de crème fraîche liquide
20 g de beurre ramolli
2 avocats bien mûrs
1 yaourt
Le jus de 1/2 citron
3 cuil. à soupe d'huile
12 crevettes
Quelques brins d'aneth
Sel, poivre.

Saint-véran : vin sec, rond et fruité, un des plus jeunes crus du Mâconnais, servi de 11 à 13 °C.

Séparer les blancs des jaunes d'œufs. Réserver les blancs.

Dans un saladier, mélanger les 2 farines avec une demi-cuillerée à café de sel.

Verser la levure dans le lait tiédi puis l'incorporer à la farine. Ajouter la crème, le beurre et les jaunes d'œufs.

Mélanger jusqu'à obtention d'une pâte lisse puis laisser reposer au moins 2 heures.

Pendant ce temps, ouvrir les avocats en deux et en prélever la chair. Dans un saladier, mélanger le yaourt, le jus de citron et l'avocat. Saler et poivrer. Réserver au frais.

Incorporer délicatement les blancs d'œufs battus en neige à la pâte à blinis.

Chauffer un peu d'huile dans une poêle et y verser une louche de pâte. Faire dorer les blinis de chaque côté.

Garnir chaque blinis de crème d'avocat et de crevettes et décorer de brins d'aneth avant de servir.

Le surimi vous permettra de varier cette recette.

Blinis à l'anguille fumée

4 à 6 pers.

Préparation : 45 min
Cuisson : 6 min/blinis
Repos : 2 h 15 min

Pour les blinis :
10 g de levure de boulanger
25 g de farine de froment
40 cl de lait
2 œufs
125 g de farine de sarrasin
10 cl de crème fraîche
Beurre
Sel, poivre.

Pour la garniture :
2 œufs durs
80 g de beurre
1 cuil. à soupe de moutarde
100 g d'anguille fumée
Ciboulette hachée
Le jus de 1 citron.

Délayer la levure et la farine de froment dans un verre de lait et laisser reposer 15 minutes.

Pendant ce temps, séparer les blancs des jaunes d'œufs.

Tamiser la farine de sarrasin dans un saladier, ajouter les jaunes d'œufs un à un, la levure, une demi-cuillerée à café de sel et le reste de lait tiédi. Saler. Laisser reposer 2 heures.

Pendant ce temps, écaler les œufs. Séparer les jaunes et les hacher.

Malaxer le beurre avec la moutarde. Couper l'anguille en tranches très fines.

Dans une petite poêle, faire fondre une noisette de beurre et y verser une petite louche de pâte. Faire cuire 3 minutes de chaque côté. Poursuivre jusqu'à épuisement de la pâte.

Recouvrir les blinis de beurre à la moutarde et y disposer les tranches d'anguille en rosace. Parsemer de jaune d'œuf et de ciboulette puis arroser de jus de citron avant de servir.

Tokay : son goût légèrement fumé est le parfait allié des poissons fumés, servi de 8 à 10 °C.

Huîtres tièdes sur blinis

4 pers.

Préparation : 40 min
Cuisson : 5 min/blinis
Repos : 3 h

10 g de levure fraîche
1 cuil. à café de sucre
25 cl de lait entier
170 g de farine de froment
80 g de farine de sarrasin
2 œufs
1 yaourt bulgare
90 g de beurre
12 huîtres creuses
12 feuilles d'épinard
30 cl de crème fraîche liquide
25 g d'œufs de lump
1/2 botte d'aneth ciselé
Sel, poivre.

Pour les blinis : préparer le levain en délayant la levure et le sucre dans 5 cl de lait tiède puis incorporer assez de farine de froment pour obtenir une pâte molle. Laisser lever pendant 20 minutes.

Dans une terrine, tamiser le reste de farine de froment avec celle de sarrasin et une demi-cuillerée à café de sel.

Séparer les blancs d'œufs des jaunes. Verser les jaunes d'œufs dans la terrine puis le reste de lait tiède et le yaourt. Mélanger jusqu'à obtention d'une pâte lisse.

Incorporer le levain et 60 g de beurre fondu.

Laisser lever 2 heures dans un endroit tiède.

Battre la pâte levée, puis incorporer les blancs montés en neige avec une pincée de sel. Laisser lever encore pendant 30 minutes.

Pendant ce temps, ouvrir les huîtres. Dans une casserole, récupérer et filtrer l'eau. Ajouter la chair des huîtres dans l'eau avec un peu de poivre.

Laver et équeuter les feuilles d'épinard. Les plonger dans une casserole d'eau bouillante salée 30 secondes. Rafraîchir et les laisser égoutter.

Faire chauffer la poêle à blinis et la beurrer. Y verser une fine couche de pâte. Laisser cuire 2 minutes sur une face puis badigeonner la face non cuite de beurre fondu. Retourner les blinis et faire cuire l'autre face.

Les réserver au chaud.

Cuire les huîtres dans la casserole à feu doux.

Faire chauffer la crème fraîche avec du sel et du poivre.

Hors du feu, ajouter les œufs de lump.

Disposer 3 blinis par assiette. Déposer sur chacun d'eux une feuille d'épinard froissée et une huître.

Napper de sauce chaude et parsemer d'aneth ciselé.

Servir sans attendre.

Bourgogne aligoté : vin blanc au caractère jeune et fruité, servi à 12 °C.

Blinis de pommes de terre aux huîtres et au saumon

4 pers.

Préparation : 45 min
Cuisson : 6 min/blinis
Repos : 3 h

300 g de saumon sans arête et sans peau
12 huîtres spéciales de Marennes
150 g de crème fraîche liquide
Le jus de 1 citron
1 botte de ciboulette ciselée
50 g de beurre
200 g de purée de pommes de terre
3 œufs
Huile
15 cl d'huile d'olive
Sel, poivre.

Chablis 1er cru : l'acidité du vin va compenser le citron, servi de 12 à 14 °C.

Couper le saumon en dés.

Ouvrir les huîtres. Récupérer leur jus et le filtrer.

À l'aide d'un couteau bien aiguisé, les hacher grossièrement.

Laisser reposer au réfrigérateur pendant 2 heures.

Pendant ce temps, battre la crème fraîche au fouet.

Saler, poivrer puis ajouter le jus de citron et la moitié de la ciboulette ciselée. Réserver au frais.

Ajouter le beurre fondu à la purée, saler et poivrer.

Séparer les blancs d'œufs des jaunes et les monter en neige ferme.

Incorporer à la purée les jaunes d'œufs puis les blancs en neige petit à petit. Mélanger délicatement à la spatule.

Faire chauffer une poêle légèrement huilée.

Faire cuire chaque blinis 3 minutes de chaque côté.

Au fur et à mesure, mettre les blinis dans une assiette et les tenir au chaud.

Au moment de servir, mélanger dans un saladier le saumon, les huîtres, le jus des huîtres, l'huile d'olive et le reste de ciboulette ciselée. Rectifier l'assaisonnement.

Répartir le tartare de saumon et d'huîtres sur les assiettes accompagné de 3 blinis. Servir accompagné de crème à la ciboulette.

Pour la présentation, vous pouvez par exemple mouler le tartare dans de petits ramequins que vous démoulerez sur chaque assiette.

Blinis aux Saint-Jacques

6 pers.

Préparation : 45 min
Cuisson : 20 min
Repos : 2 h

Pour les blinis :
250 g de farine
10 g de levure en poudre
1 yaourt
15 cl de cidre brut
100 g de crème fraîche
3 œufs
80 g de beurre
Sel.

Pour la garniture :
4 échalotes
60 g de beurre
50 cl de cidre brut
12 noix de Saint-Jacques
6 cl de calvados
250 g de crème fraîche épaisse
Sel, poivre.

Pouilly-fumé : long en bouche et léger goût de fumé pour ce vin servi de 8 à 10 °C.

Mélanger la farine et la levure dans un saladier. Verser le yaourt et le sel au centre puis mélanger en ajoutant le cidre. Ajoutez la crème puis les œufs battus. Laisser reposer pendant 2 heures.

Peler et hacher finement les échalotes. Les faire fondre dans une sauteuse avec le beurre. Mouiller de cidre. Laisser frémir 4 à 5 minutes.

Ajouter alors les noix de Saint-Jacques parées et épongées. Laisser cuire quelques minutes. Flamber avec le calvados puis ajouter la crème.

Assaisonner. Laisser épaissir sur feu doux sans cesser de remuer.

Retirer du feu et réserver au chaud.

Faire cuire les blinis dans une petite poêle d'environ 10 cm de diamètre.

Disposer les blinis sur les assiettes et les garnir avec une ou deux noix de Saint-Jacques. Napper de sauce et servir très chaud.

Blinis aux marrons

4 pers.

Préparation : 40 min
Cuisson : 20 min

400 g de châtaignes
2 œufs
50 cl de lait
Beurre
20 cl de crème fraîche liquide
4 tranches de saumon fumé
4 brins d'aneth
Sel, poivre.

Fendre l'écorce des châtaignes et les plonger dans de l'eau bouillante une dizaine de minutes puis les éplucher. Les égoutter et les passer au mixeur.

Séparer les blancs d'œufs des jaunes.

Dans un saladier, mélanger les jaunes d'œufs avec la purée de châtaignes puis verser le lait petit à petit sans cesser de remuer. Saler.

Battre les blancs d'œufs en neige puis les incorporer délicatement à la préparation.

Faire cuire les blinis dans de petites poêles avec un peu de beurre en les retournant à mi-cuisson.

Fouetter la crème puis la poivrer.

Déposer les blinis sur les assiettes de service puis y disposer les tranches de saumon fumé. Parsemer d'aneth ciselé et napper de crème fouettée au poivre avant de servir.

Mâcon blanc : vin blanc également vif et nerveux avec ce plat, servi de 11 à 13 °C.

Blinis au tarama

Séparer les blancs d'œufs des jaunes.

Dans un saladier, mélanger les 2 farines avec une demi-cuillerée à café de sel.

Verser la levure dans le lait tiédi puis l'incorporer à la farine. Ajouter la crème, le beurre et les jaunes d'œufs.

Mélanger jusqu'à obtention d'une pâte lisse puis laisser reposer au moins 2 heures.

Dans un saladier, mouiller le pain de mie avec le jus de citron. Ajouter les œufs de cabillaud puis monter en mayonnaise en ajoutant progressivement l'huile d'olive. Poivrer selon son goût. Verser le tarama dans un petit saladier et réserver au frais.

Incorporer délicatement les blancs battus en neige ferme à la pâte.

Faire chauffer la poêle à blinis huilée et y faire dorer les blinis de chaque côté. Servir les blinis bien chauds avec le tarama.

4 pers.

Préparation : 45 min
Cuisson : 6 min/blinis
Repos : 2 h

Pour les blinis :
3 œufs
125 g de farine de sarrasin
40 g de farine de froment
10 g de levure
25 cl de lait
25 cl de crème fraîche liquide
20 g de beurre ramolli
3 cuil. à soupe d'huile
Sel.

Pour la garniture :
1 tranche de pain de mie
Le jus de 1/2 citron
80 g d'œufs de cabillaud fumés
15 cl d'huile d'olive
Poivre.

Bordeaux clairet : léger, fin et aromatique, servi de 8 à 10 °C.

Blinis à la crème de thon

4 à 6 pers.

Préparation : 45 min
Cuisson : 6 min/blinis
Repos : 2 h 15 min

Pour les blinis :
10 g de levure de boulanger
25 g de farine de froment
40 cl de lait
2 œufs
125 g de farine de sarrasin
10 cl de crème fraîche
Beurre
Sel.

Pour la garniture :
200 g de thon à l'huile
80 g d'amandes en poudre
180 g de crème fraîche épaisse
Le jus de 1 citron
1 gousse d'ail pelée
2 cuil. à soupe de câpres
Sel, poivre.

Petit chablis : bu ferme avec ce plat respirant la fraîcheur, servi de 12 à 14 °C.

Délayer la levure et la farine de froment dans un verre de lait et laisser reposer 15 minutes.

Pendant ce temps, séparer les blancs d'œufs des jaunes.

Tamiser la farine de sarrasin dans un saladier, ajouter les jaunes d'œufs un à un, la levure, une demi-cuillerée à café de sel et le reste de lait tiédi. Saler. Laisser reposer 2 heures.

Mixer le thon (réserver l'huile) avec les amandes en poudre, la crème fraîche, le jus de citron et la gousse d'ail. Ajouter 2 cuillerées à soupe de l'huile du thon, puis les câpres, saler et poivrer.

Monter les blancs en neige et les incorporer à la pâte jusqu'à obtention d'une pâte lisse.

Faire chauffer la poêle à blinis beurrée et y faire dorer les blinis de chaque côté.

Servir les blinis tièdes accompagnés de ramequins de crème de thon.

Blinis au carpaccio de thon

4 pers.

Préparation : 40 min
Cuisson : 6 min/blinis
Repos : 1 h 20 min

Pour la pâte :
10 g de levure de boulanger
40 cl de lait
2 œufs
5 cl de crème fraîche liquide
25 g de farine de froment
125 g de farine de sarrasin
Beurre
Sel.

Pour la garniture :
500 g de thon (demander à votre poissonnier de le couper en tranches très fines)
5 cuil. à soupe d'huile d'olive
Jus de citron
1 poignée de feuilles de basilic
20 olives noires dénoyautées
Sel, poivre.

Délayer la levure avec un verre de lait. Mélanger et laisser lever une vingtaine de minutes.

Casser les œufs et séparer les jaunes des blancs. Battre la crème.

Dans un saladier, mélanger les farines tamisées, les jaunes d'œufs, la crème et le reste de lait. Saler.

Laisser reposer pendant 1 heure.

Pendant ce temps, disposer les tranches de carpaccio de thon sur un plat et les arroser d'une cuillerée à soupe d'huile d'olive. Saler et poivrer.

Couper les olives en deux.

Battre les blancs d'œufs en neige et les incorporer à la pâte.

Cuire les blinis au beurre.

Disposer les blinis dans les assiettes et y déposer les tranches de carpaccio. Arroser d'huile d'olive et de jus de citron. Parsemer de basilic ciselé et d'olives.

Servir aussitôt.

Sauvignon de Touraine : vin blanc léger et frais, servi de 6 à 8 °C.

Blinis à la truite fumée

Séparer les blancs d'œufs des jaunes. Réserver.

Dans un saladier, mélanger les 2 farines avec une demi-cuillerée à café de sel.

Verser la levure dans le lait tiédi puis l'incorporer à la farine. Ajouter la moitié de crème, le beurre et les jaunes d'œufs l'un après l'autre.

Mélanger jusqu'à obtention d'une pâte lisse puis laisser reposer au moins 2 heures.

Monter le reste de crème en chantilly et la parfumer à l'aneth. Réserver au frais.

Monter les blancs d'œufs en neige puis les incorporer délicatement à la pâte.

Faire chauffer la poêle à blinis huilée et y faire dorer les blinis de chaque côté.

Servir les blinis avec les filets de truite fumée et la chantilly.

6 pers.

Préparation : 40 min
Cuisson : 15 min
Repos : 2 h

3 œufs
150 g de farine de sarrasin
50 g de farine de froment
10 g de levure
25 cl de lait
50 cl de crème fraîche liquide
20 g de beurre ramolli
Quelques brins d'aneth ciselé
3 cuil. à soupe d'huile
6 tranches de truite fumée
Sel.

Bergerac : vin blanc sec, nerveux, avec du bouquet, servi de 9 à 10 °C.

Blinis aux œufs brouillés

4 à 6 pers.

Préparation : 40 min
Cuisson : 40 min
Repos : 1 h 15 min

Pour les blinis :
10 g de levure de boulanger
25 g de farine de froment
40 cl de lait
2 œufs
125 g de farine de sarrasin
10 cl de crème fraîche
Beurre
Sel.

Pour la garniture :
10 olives noires dénoyautées
150 g de comté
1 yaourt brassé
6 œufs
40 g de beurre
1 cuil. à soupe de basilic ciselé
Sel, poivre.

Côtes-du-Jura : vin jaune, capiteux, aux arômes de noisettes et d'amandes grillées, servi de 15 à 16 °C.

Délayer la levure et la farine de froment dans un verre de lait et laisser reposer 15 minutes.

Pendant ce temps, séparer les blancs d'œufs des jaunes.

Tamiser la farine de sarrasin dans un saladier, ajouter les jaunes d'œufs un à un, la levure, la crème et le reste de lait tiédi. Saler. Laisser reposer au moins 1 heure.

Pendant ce temps, hacher les olives. Couper le fromage en petits cubes.

Saler et poivrer le yaourt.

Battre les œufs en omelette dans un bol. Saler et poivrer.

Faire fondre le beurre dans une poêle et y faire cuire les œufs à feu doux, en remuant sans cesse. Ajouter le reste de beurre, 3 cuillerées à soupe de yaourt et les olives.

Monter les blancs d'œufs en neige et battre la crème. Puis les incorporer à la pâte à blinis.

Cuire les blinis 3 minutes de chaque côté dans une poêle beurrée.

Répartir les œufs brouillés sur les blinis encore tièdes et les dresser sur les assiettes avec les cubes de fromage décorés de basilic ciselé.

Blinis et foie gras

4 à 6 pers.

Préparation : 35 min
Cuisson : 6 min/blinis
Repos : 1 h 30 min

10 g de levure de boulanger
25 g de farine de froment
40 cl de lait
2 œufs
125 g de farine de sarrasin
5 cl de crème fraîche liquide
Beurre
Ciboulette et aneth frais
200 g de foie gras en tranches
Quelques tomates cerise
Sel, poivre rose en grains.

Délayer la levure et la farine de froment dans 25 cl de lait. Mélanger et laisser lever pendant une vingtaine de minutes dans un endroit chaud.

Pendant ce temps, casser les œufs en séparant les blancs des jaunes.

Dans un saladier, tamiser la farine de sarrasin et ajouter les jaunes d'œufs, le reste de lait, la crème et une grosse pincée de sel. Laisser reposer 1 heure.

Battre les blancs d'œufs en neige et les incorporer à la pâte.

Faire chauffer la poêle avec une noisette de beurre et y faire dorer les blinis.

Disposer les herbes fraîches sur les assiettes et y mettre les blinis tièdes et les tranches de foie gras. Décorer de tomates cerise.

Sauternes : l'un des plus grands vins grâce aux efforts constants des vignerons du Sauternais, servi à 8 °C.

Blinis de châtaignes au foie gras et au confit d'oignons

Mélanger dans un saladier les deux farines avec le lait, la crème fraîche et les jaunes d'œufs. Saler et poivrer.

Monter le blanc en neige puis l'incorporer à la pâte.

Beurrer une petite poêle et y cuire les blinis 3 minutes de chaque côté. Les réserver au chaud.

Émincer finement les oignons et les faire colorer légèrement dans une poêle huilée.

Ajouter 1 cuillerée à soupe de sucre et laisser étuver à couvert à feu très doux pendant 15 minutes.

Assaisonner de sel et de poivre.

Faire un caramel avec le reste de sucre et le vinaigre balsamique, déglacer hors du feu avec le jus de canard et battre avec le beurre. Saler, poivrer et ajouter la cannelle en poudre.

Poêler les escalopes de foie gras (sans matière grasse) et les disposer sur un blinis bien chaud. Entourer de confit d'oignons et napper de jus de canard.

Une façon originale et délicieuse de déguster le foie gras.

4 pers.

Préparation : 45 min
Cuisson : 20 min +
6 min/blinis

Pour les blinis :
50 g de farine de châtaigne
50 g de farine de froment
25 cl de lait
20 cl de crème fraîche liquide
1 œuf + 1 jaune
25 g de beurre
Sel, poivre du moulin.

Pour la garniture :
200 g d'oignons
3 cuil. à soupe d'huile d'arachide
4 cuil. à soupe de sucre roux
5 cl de vinaigre balsamique
20 cl de jus de canard
30 g de beurre
Une pincée de cannelle en poudre
4 escalopes de foie gras
Sel, poivre du moulin.

Barsac : vin aux saveurs amples et persistantes, servi de 8 à 10 °C.

Blinis et crème de foie de volaille

6 pers.

Préparation : 50 min
Cuisson : 15 min +
6 min/blinis
Repos : 2 h 15 min

Pour les blinis :
3 œufs
150 g de farine de sarrasin
50 g de farine de froment
10 g de levure
25 cl de lait
25 cl de crème fraîche liquide
20 g de beurre ramolli
3 cuil. à soupe d'huile
Sel.

Pour la garniture :
3 gousses d'ail
1 oignon
200 g de beurre ramolli
500 g de foie de volaille
Une pincée de noix de muscade
Quelques brins de thym
2 feuilles de laurier
3 cuil. à soupe de porto
4 cuil. à soupe de crème fraîche
Sel, poivre du moulin.

Tavel rosé : vin racé au bouquet fait d'odeurs de fruits épicés, servi de 12 à 14 °C.

Casser les œufs en séparant les blancs des jaunes.

Dans un saladier, mélanger les 2 farines avec une demi-cuillerée à café de sel.

Verser la levure dans le lait tiédi puis l'incorporer à la farine. Ajouter la crème, le beurre et les jaunes d'œufs.

Mélanger jusqu'à obtention d'une pâte lisse puis laisser reposer au moins 2 heures.

Éplucher et hacher finement l'ail et l'oignon. Faire fondre 50 g de beurre dans une poêle et y faire revenir l'ail et l'oignon jusqu'à ce qu'ils deviennent transparents.

Ajouter ensuite les foies de volaille et les aromates et poursuivre la cuisson à feu doux 5 minutes. Saler et poivrer.

Laisser refroidir le mélange pendant une quinzaine de minutes.

Retirer le thym et les feuilles de laurier, puis passer le tout au mixeur.

Incorporer ensuite délicatement le reste de beurre ramolli et le porto. Ajouter la crème fraîche. Rectifier l'assaisonnement. Bien mélanger et verser dans une terrine. Réserver au frais et sortir du réfrigérateur environ 30 minutes avant de servir.

Monter les blancs en neige ferme et les incorporer à la pâte à blinis.

Faire chauffer la poêle à blinis huilée et y faire dorer les blinis.

Servir la terrine accompagnée de blinis tièdes que les convives pourront tartiner à volonté.

Blinis garnis de foie de veau et d'œufs durs

4 à 6 pers.

Préparation : 1 h 15 min
Cuisson : 1 h
Repos : 1 h

Pour la pâte à blinis :
1 œuf
15 g de beurre
40 cl de lait
130 g de farine
Huile d'arachide
1/2 cuil. à café de sel.

Pour la garniture :
700 g de foie de veau
2 oignons
2 carottes
80 g de beurre
1 cuil. à soupe d'huile
1 cuil. à café de sauge
1 petit bouquet de persil haché
1 cuil. à soupe de farine
4 œufs durs
60 g d'échalotes
15 cl de crème fraîche
50 g de fromage râpé
Sel, poivre.

Médoc : vin riche en arômes, ce qui permet de le garder tout un repas, servi de 16 à 18 °C.

Pour les blinis : séparer le blanc d'œuf du jaune. Monter le blanc en neige et réserver.

Battre le jaune d'œuf et le beurre avec le sel. Lorsque le mélange devient mousseux, ajouter le lait puis la farine petit à petit.

Pour terminer, incorporer le blanc en neige. Laisser reposer la pâte 1 heure.

Faire chauffer un peu d'huile dans une poêle et y verser une louche de pâte (prévoir 6 blinis). Faire dorer les blinis de chaque côté.

Pour la farce : enlever la peau du foie puis le couper en petits dés. Peler les oignons et les émincer finement. Laver, éplucher puis râper les carottes.

Faire chauffer 30 g de beurre avec l'huile dans une poêle et faire revenir le foie à feu vif. Le retirer et le réserver.

Mettre les oignons émincés et les carottes râpées dans la poêle et les faire revenir 5 minutes.

Remettre alors le foie dans la poêle avec la sauge et le persil. Ajouter la farine et mouiller avec un peu d'eau. Saler et poivrer. Remuer et laisser frémir 2 minutes.

Écaler les œufs et les couper en rondelles épaisses.

Peler les échalotes et les couper en morceaux. Faire fondre 40 g de beurre dans une poêle et y faire revenir l'échalote, ajouter la crème, saler, poivrer puis laisser cuire à feu vif 5 minutes.

Beurrer un plat allant au four et y mettre un blinis. Disposer une partie de la garniture et quelques rondelles d'œuf. Répéter l'opération en terminant par un blinis.

Napper de sauce aux échalotes et saupoudrer de fromage râpé.

Mettre le plat au four et laisser cuire pendant 20 minutes à 200 °C (th. 6-7).

Servir aussitôt.

Blinis au beurre de cresson et au jambon de Bayonne

6 pers.

Préparation : 45 min
Cuisson : 6 min/blinis
Repos : 1 h 15 min

Pour les blinis :
10 g de levure de boulanger
25 g de farine de froment
40 cl de lait
2 œufs
125 g de farine de sarrasin
10 cl de crème fraîche
Beurre
Sel.

Pour la garniture :
1 botte de cresson (100 g environ)
100 g de beurre
12 tranches fines de jambon de Bayonne
Sel, poivre.

Délayer la levure et la farine de froment dans un verre de lait et laisser reposer 15 minutes.

Pendant ce temps, séparer les blancs d'œufs des jaunes.

Tamiser la farine de sarrasin dans un saladier, ajouter les jaunes d'œufs un à un, la levure et le reste de lait tiédi. Saler. Laisser reposer au moins 1 heure.

Pendant ce temps, ébouillanter les feuilles de cresson puis les passer sous l'eau froide. Les essorer puis les passer au mixeur. Mélanger ensuite avec le beurre ramolli. Saler et poivrer.

Monter les blancs en neige et battre la crème. Puis les incorporer à la pâte à blinis.

Cuire les blinis 3 minutes de chaque côté dans une poêle beurrée.

Recouvrir les blinis de beurre de cresson et y disposer les tranches de jambon de Bayonne roulées.

Servir aussitôt.

Collioure : vin sombre évoquant par son arôme le midi de la France, servi de 12 à 14 °C.

Blinis au carpaccio de bœuf

Délayer la levure avec un verre de lait. Mélanger et laisser lever une vingtaine de minutes.

Casser les œufs et séparer les jaunes des blancs. Battre la crème.

Dans un saladier, mélanger les farines tamisées, les jaunes d'œufs, la crème et le reste de lait. Saler.

Laisser reposer pendant 1 heure.

Pendant ce temps, disposer les tranches de carpaccio sur un plat et les arroser d'une cuillerée à soupe d'huile d'olive. Saler et poivrer.

Battre les blancs en neige et les incorporer à la pâte.

Cuire les blinis au beurre.

Répartir les blinis tièdes sur les assiettes, recouvrir de carpaccio, disposer les copeaux de parmesan sur le dessus, arroser d'huile d'olive et de jus de citron. Entourer de salade et servir aussitôt.

4 pers.

Préparation : 40 min
Cuisson : 6 min/blinis
Repos : 1 h 20 min

Pour la pâte :
10 g de levure de boulanger
40 cl de lait
2 œufs
5 cl de crème fraîche liquide
125 g de farine de sarrasin
25 g de farine de froment
Beurre
Sel.

Pour la garniture :
300 g de carpaccio de bœuf (filet de bœuf coupé en fines lamelles par votre boucher)
4 cuil. à soupe d'huile d'olive
150 g de parmesan en copeaux
Le jus de 1/2 citron
Salade (roquette ou cresson)
Sel, poivre.

Saint-Joseph : flatteries et charme pour ce vin, servi de 14 à 16 °C.

Blinis au caviar d'aubergine

4 à 6 pers.

Préparation : 45 min
Cuisson : 20 min
Repos : 1 h 15 min

Pour les blinis :
10 g de levure de boulanger
25 g de farine de froment
40 cl de lait
125 g de farine de sarrasin
2 œufs
10 cl de crème fraîche
Beurre
Sel.

Pour la garniture :
6 aubergines
3 gousses d'ail
2 cuil. à soupe d'huile d'olive
1 cuil. à soupe de vinaigre
Le jus de 1 citron
1 petit bouquet de persil
Sel, poivre.

Rosé de Provence : vif et aromatique, servi de 8 à 10 °C.

Délayer la levure et la farine de froment dans un verre de lait et laisser reposer 15 minutes.

Pendant ce temps, séparer les blancs d'œufs des jaunes.

Tamiser la farine de sarrasin dans un saladier, ajouter les jaunes d'œufs un à un, la levure, la crème et le reste de lait tiédi. Saler. Laisser reposer au moins 1 heure.

Faire griller les aubergines et les gousses d'ail sur toutes leurs faces. Les laisser refroidir et enlever la peau.

Mettre dans un saladier la chair des aubergines, les gousses d'ail et les écraser. Ajouter l'huile, le vinaigre, le jus de citron et le persil haché. Saler et poivrer.

Monter les blancs en neige et les incorporer à la pâte à blinis.

Faire chauffer la poêle à blinis et la beurrer. Y verser une fine couche de pâte. Laisser cuire 3 minutes de chaque côté. Les réserver au chaud.

Servir les blinis tièdes accompagnés de caviar d'aubergine.

Blinis et caviar de champignon

Séparer les blancs d'œufs des jaunes.

Dans un saladier, mélanger les 2 farines avec le sel.

Verser la levure dans le lait tiédi puis l'incorporer à la farine. Ajouter la crème, le beurre et les jaunes d'œufs.

Mélanger jusqu'à obtention d'une pâte lisse puis laisser reposer au moins 2 heures.

Laver les champignons et les égoutter. Peler et hacher l'oignon.

Faire chauffer le beurre dans une poêle et y faire revenir les champignons puis l'oignon.

Passer le tout au mixeur. Transvaser ce mélange dans un saladier et ajouter le vinaigre et l'huile. Saler, poivrer et bien mélanger.

Monter les blancs en neige ferme et les incorporer délicatement à la pâte.

Faire chauffer la poêle à blinis huilée et y faire dorer les blinis de chaque côté.

Servir les blinis tièdes accompagnés du caviar de champignon.

4 à 6 pers.

Préparation : 45 min
Cuisson : 15 min + 6 min/blinis
Repos : 2 h

Pour les blinis :
3 œufs
150 g de farine de sarrasin
50 g de farine de froment
10 g de levure
25 cl de lait
25 cl de crème fraîche liquide
20 g de beurre ramolli
3 cuil. à soupe d'huile
1/2 cuil. à café de sel.

Pour la garniture :
600 g de champignons (morilles, girolles ou champignons de Paris)
1 oignon
30 g beurre
1 cuil. à soupe de vinaigre
2 cuil. à soupe d'huile
Sel, poivre.

Rosé de Marsannay : plat idéal pour ce Bourgogne, servi de 8 à 10 °C.

Blinis et crème de brocoli

4 pers.

Préparation : 45 min
Repos : 2 h
Cuisson : 20 min +
6 min/blinis

Pour les blinis :
3 œufs
150 g de farine de sarrasin
50 g de farine de froment
10 g de levure
25 cl de lait
25 cl de crème fraîche liquide
20 g de beurre ramolli
3 cuil. à soupe d'huile
1/2 cuil. à café de sel.

Pour la garniture :
500 g de brocoli
1 pomme de terre
Quelques brins de thym
3 feuilles de laurier
80 g de mimolette
Une pincée de muscade râpée
6 cuil. à soupe de crème fraîche
Sel, poivre.

Bordeaux Sauvignon : vin blanc fruité et nerveux, servi de 8 à 10 °C.

Séparer les blancs d'œufs des jaunes.

Dans un saladier, mélanger les 2 farines avec le sel.

Verser la levure dans le lait tiédi puis l'incorporer à la farine. Ajouter la crème, le beurre et les jaunes d'œufs.

Mélanger jusqu'à obtention d'une pâte lisse puis laisser reposer au moins 2 heures.

Pendant ce temps, rincer la tête de brocoli puis le couper en morceaux. Éplucher la pomme de terre et la couper en morceaux. Dans une casserole, mettre la pomme de terre, les brocolis, le thym et les feuilles de laurier. Saler, poivrer et verser 2 verres d'eau. Porter à ébullition puis cuire 20 minutes à couvert.

Retirer thym et laurier puis mixer les légumes et l'eau de cuisson. Couper le fromage en morceaux et le laisser fondre doucement sur feu doux en remuant. Ajouter la muscade et la crème fraîche puis rectifier l'assaisonnement. Laisser refroidir au réfrigérateur.

Incorporer délicatement les blancs d'œufs battus en neige à la pâte à blinis.

Faire chauffer la poêle à blinis huilée et y faire dorer les blinis de chaque côté.

Servir les blinis tièdes accompagnés de ramequins de crème.

Blintchiskis farcis aux champignons et au riz

4 à 6 pers.

Préparation : 35 min
Cuisson : 10 min +
6 min/blinis

Pour la pâte :
3 œufs
1 cuil. à soupe de sucre en poudre
75 cl de lait
200 g de farine
25 g de beurre
Sel.

Pour la farce :
500 g de champignons de Paris
1 oignon
30 g de beurre
1 verre de riz cuit
Sel, poivre.

Dans un saladier, mélanger les œufs, le sucre, un demi-verre de lait et la farine. Mélanger puis ajouter le reste de lait. Mélanger jusqu'à obtention d'une pâte lisse.

Faire cuire les champignons dans de l'eau salée pendant 10 minutes. Les égoutter puis les hacher finement. Peler et hacher l'oignon et le faire revenir dans le beurre.

Mélanger les champignons, le riz et l'oignon. Saler et poivrer.

Faire dorer les blinis dans une petite poêle sur un seul côté. Poser les blinis côté cuit vers le haut sur une planche à pâtisserie. Répartir la farce sur les blinis puis les replier pour former de petites enveloppes. Faire dorer les blintchiskis sur les deux faces et servir chaud.

Les blintchiskis sont de petits blinis pliés en forme d'enveloppe et généralement farcis.

Sylvaner : agréable également avec les coquillages, servi de 8 à 10 °C.

Blinis à la crème d'épinard

Délayer la levure avec un verre de lait. Mélanger et laisser lever une vingtaine de minutes.

Casser les œufs et séparer les jaunes des blancs. Battre la crème.

Dans un saladier, mélanger les farines tamisées, les jaunes d'œufs, la crème et le reste de lait. Saler.

Laisser reposer pendant 1 heure.

Pendant ce temps, laver les épinards puis les hacher finement.

Dans un saladier, mélanger les yaourts, la crème, le jus de citron et l'huile d'olive. Ajouter les épinards. Saler et poivrer. Verser la crème dans des ramequins individuels et réserver au frais.

Battre les blancs d'œufs en neige et les incorporer à la pâte.

Cuire les blinis au beurre.

Servir aussitôt avec la crème d'épinard.

4 pers.

Préparation : 45 min
Cuisson : 6 min/blinis
Repos : 1 h 20 min

Pour la pâte :
10 g de levure de boulanger
40 cl de lait
2 œufs
5 cl de crème fraîche liquide
25 g de farine de froment
125 g de farine de sarrasin
Beurre
Sel.

Pour la garniture :
100 g de pousses d'épinard (frais ou surgelés)
3 yaourts veloutés
20 cl de crème fraîche liquide
Le jus de 1/2 citron
2 cuil. à soupe d'huile d'olive
Sel, poivre.

Coteaux-du-languedoc : vin rosé fin et fruité, servi de 9 à 11 °C.

Blinis et purée de pois cassés

4 pers.

Préparation : 1 h
Cuisson : 1 h +
6 min/blinis
Repos : 2 h 15 min

Pour les blinis :
10 g de levure de boulanger
25 g de farine de froment
40 cl de lait
2 œufs
125 g de farine de sarrasin
10 cl de crème fraîche
Beurre
Sel.

Pour la purée :
500 g de pois cassés
4 gousses d'ail
4 cuil. à soupe d'huile d'olive
1 cuil. à café de gingembre
2 cuil. à soupe de cumin
Sel, poivre.

Côtes-de-provence : vin rosé vif et agréable, servi de 8 à 10 °C.

Délayer la levure et la farine de froment dans un verre de lait et laisser reposer 15 minutes.

Pendant ce temps, séparer les blancs d'œufs des jaunes.

Tamiser la farine de sarrasin dans un saladier, ajouter les jaunes d'œufs un à un, la levure, la crème, une demi-cuillerée à café de sel, la crème et le reste de lait tiédi. Saler. Laisser reposer 2 heures.

Faire cuire les pois cassés dans 2 l d'eau. Écumer si nécessaire en début de cuisson.

Après 30 minutes, ajouter l'ail entier, 2 cuillerées à soupe d'huile d'olive, le gingembre et 1 cuillerée à soupe de cumin. Saler. Laisser cuire 30 minutes à couvert.

Mixer le tout puis reverser dans la casserole et ajouter le reste des ingrédients en remuant, sur feu doux. Rectifier l'assaisonnement et réserver au chaud.

Monter les blancs en neige et les incorporer à la pâte jusqu'à obtention d'une pâte lisse.

Faire chauffer la poêle à blinis beurrée et y faire dorer les blinis de chaque côté.

Servir les blinis tièdes accompagnés de purée bien chaude.

Blinis au beurre de poivron

XX

4 pers.

Préparation : 45 min
Cuisson : 40 min
Repos : 2 h

Pour la pâte :
500 g de pommes de terre
50 g de farine de châtaigne
30 g de farine de froment
3 œufs entiers
50 cl de lait
3 cuil. à soupe de crème fraîche épaisse
25 g de beurre
Sel, poivre.

Pour la garniture :
1/2 poivron vert ou rouge
30 g de beurre
Sel, poivre en grains.

Rosé de Loire : tout en finesse avec ce plat, servi de 10 à 12 °C.

Laver les pommes de terre et les cuire à la vapeur. Les peler et passer au moulin à légumes.

Ajouter les farines puis les œufs un à un, le lait et la crème. Saler et poivrer.

Laisser reposer 2 heures au frais.

Pendant ce temps, épépiner le poivron, le couper en morceaux et le faire cuire au beurre tout doucement. Réduire le poivron en purée puis laisser refroidir.

Incorporer le beurre ramolli à la purée. Saler et poivrer.

Dans une poêle, faire fondre une noisette de beurre et y verser une petite louche de pâte.

Faire cuire les blinis 3 minutes de chaque côté. Poursuivre jusqu'à épuisement de la pâte et les réserver au chaud.

Napper les blinis de beurre de poivron et servir aussitôt.

Blinis de pommes de terre

XX

6 pers.

Préparation : 40 min
Cuisson : 6 min/blinis

600 g de pommes de terre
3 œufs
150 g de farine de sarrasin
15 cl de lait
10 cl de crème fraîche liquide
50 g de beurre
Sel, poivre.

Edelzwicker : vin issu de différents cépages d'Alsace, servi de 8 à 10 °C.

Laver les pommes de terre et les cuire à la vapeur. Les peler et passer au moulin à légumes.

Casser les œufs et séparer les blancs des jaunes.

Mélanger les jaunes et la farine en versant le lait régulièrement. Ajouter la crème fraîche, saler et poivrer.

Battre les blancs en neige ferme et les incorporer à la préparation.

Dans une petite poêle, faire fondre une noisette de beurre et y verser une louche de pâte.

Faire cuire 3 minutes de chaque côté. Poursuivre jusqu'à épuisement de la pâte.

Servir ces blinis bien chauds.

Blinis de potiron

6 pers.

Préparation : 45 min
Cuisson : 25 min +
6 min/blinis
Repos : 1 h

800 g de potiron environ
1 l de lait
15 g de levure
3 œufs
200 g de farine
25 g de beurre
80 g de sucre en poudre
Sel.

Éplucher le potiron, retirer les filaments et les graines. Couper la pulpe en petits morceaux.

Les mettre dans une casserole, couvrir d'eau et cuire 15 minutes à feu moyen.

Réduire le potiron en purée, verser le lait et chauffer 10 minutes sans cesser de tourner.

Délayer la levure dans un peu d'eau tiède et l'ajouter à la purée avec les œufs et la farine.

Mélanger et ajouter le beurre ramolli et le sucre. Saler puis laisser lever 1 heure.

Dans une petite poêle, faire chauffer une noisette de beurre et y dorer les blinis.

Servir chaud.

Vous pouvez servir ces blinis accompagnés de crème fraîche épaisse... un délice !

Pinot blanc : vin élégant appelé aussi « klevner », servi de 8 à 10 °C.

Blinis et purée de tomates au gingembre

Peler et hacher l'oignon. Peler les tomates et les concasser.

Couper le piment en petits morceaux. Mixer l'ensemble avec le jus de citron, une demi-cuillerée à café de sel et un peu de poivre.

Verser la purée dans un petit saladier et réserver au frais.

Séparer les blancs d'œufs des jaunes. Réserver.

Dans un saladier, mélanger les 2 farines avec une demi-cuillerée à café de sel.

Verser la levure dans le lait tiédi puis l'incorporer à la farine. Ajouter la crème, le beurre et les jaunes d'œufs l'un après l'autre.

Mélanger jusqu'à obtention d'une pâte lisse puis laisser reposer au moins 2 heures.

Monter les blancs en neige puis les incorporer délicatement à la pâte.

Faire chauffer la poêle à blinis huilée et y faire dorer les blinis de chaque côté.

Servir les blinis avec de petits ramequins de purée de tomates au gingembre.

4 pers.

Préparation : 40 min
Cuisson : 6 min/blinis
Repos : 2 h

Pour la purée de tomates :
1 oignon
4 tomates
1 piment doux
Le jus de 1/2 citron
25 g de gingembre frais râpé
Sel, poivre.

Pour la pâte :
3 œufs
150 g de farine de sarrasin
50 g de farine de froment
10 g de levure
25 cl de lait
25 cl de crème fraîche liquide
20 g de beurre ramolli
3 cuil. à soupe d'huile
Sel.

Bordeaux Sauvignon : vin blanc fruité et nerveux, servi de 8 à 10 °C.

Blinis au fromage frais et aux pointes d'asperge

4 pers.

Préparation : 45 min
Cuisson : 15 min +
6 min/blinis
Repos : 1 h 20 min

Pour la pâte :
10 g de levure de boulanger
40 cl de lait
2 œufs
5 cl de crème fraîche liquide
25 g de farine de froment
125 g de farine de sarrasin
Beurre
Sel.

Pour la garniture :
300 g de fromage frais
2 cuil. à soupe d'huile d'olive
20 cl de crème fraîche liquide
400 g de pointes d'asperge verte
2 cuil. à soupe de persil haché
Sel, poivre.

Délayer la levure avec un verre de lait. Mélanger et laisser lever une vingtaine de minutes.

Casser les œufs et séparer les jaunes des blancs. Battre la crème.

Dans un saladier, mélanger les farines tamisées, les jaunes d'œufs, la crème et le reste de lait. Saler.

Laisser reposer pendant 1 heure.

Pendant ce temps, mélanger le fromage frais avec l'huile d'olive et la crème fouettée. Saler et poivrer. Mettre dans de petits ramequins individuels et laisser au frais.

Cuire les asperges 15 minutes à l'eau bouillante. Bien les égoutter.

Battre les blancs d'œufs en neige et les incorporer à la pâte.

Cuire les blinis au beurre.

Disposer les blinis tièdes sur les assiettes, démouler les fromages au centre et entourer de pointes d'asperge. Décorer de persil avant de servir.

Muscat d'Alsace :
un des seuls vins qui fait oublier l'amertume des asperges, servi de 10 à 12 °C.

Blintchiskis farcis au tvorog

Dans un saladier, mélanger les œufs, le sucre, un demi-verre de lait et la farine. Mélanger puis ajouter le reste de lait. Mélanger jusqu'à obtention d'une pâte lisse.

Mélanger le tvorog avec les raisins secs, le sucre, l'œuf et le beurre ramolli.

Faire dorer les blinis dans une petite poêle sur un seul côté. Poser les blinis côté cuit vers le haut sur une planche à pâtisserie. Répartir le fromage battu sur les blinis puis les replier pour former de petites enveloppes.

Faire dorer les blintchiskis sur les deux faces et servir chaud.

Pour remplacer le tvorog, on peut utiliser du fromage blanc que l'on mettra dans une gaze, sous presse, pour en extraire l'eau.

4 à 6 pers.

Préparation : 35 min
Cuisson : 6 min/blinis

Pour la pâte :
3 œufs
1 cuil. à soupe de sucre en poudre
75 cl de lait
200 g de farine
25 g de beurre
Sel.

Pour la farce :
500 g de tvorog
50 g de raisins secs
100 g de sucre en poudre
1 œuf
25 g de beurre
Sel.

Muscat de Beaumes-de-Venise : s'associe à merveille avec les desserts, servi à 10 °C.

Blinis à la crème de gorgonzola

6 pers.

Préparation : 40 min
Cuisson : 15 min
Repos : 2 h

3 œufs
150 g de farine de sarrasin
50 g de farine de froment
10 g de levure
25 cl de lait
25 cl de crème fraîche liquide
20 g de beurre ramolli
125 g de mascarpone
60 g de gorgonzola
3 cuil. à soupe d'huile
Sel, poivre en grains.

Chianti : vin italien, riche et plein, servi à 16 °C.

Séparer les blancs d'œufs des jaunes. Réserver les blancs.

Dans un saladier, mélanger les 2 farines avec une demi-cuillerée à café de sel.

Verser la levure dans le lait tiédi puis l'incorporer à la farine. Ajouter la crème, le beurre et les jaunes d'œufs.

Mélanger jusqu'à obtention d'une pâte lisse puis laisser reposer au moins 2 heures.

Incorporer délicatement les blancs montés en neige ferme à la pâte.

Dans un saladier, mélanger le mascarpone avec le gorgonzola et poivrer.

Faire chauffer un peu d'huile dans une poêle et y faire dorer chaque blinis des deux côtés.

Servir les blinis garnis de crème.

Une salade de cresson ou de mâche rehaussera le goût de la crème de gorgonzola.

Blinis à la crème de roquefort

6 pers.

Préparation : 45 min
Cuisson : 15 min
Repos : 2 h

3 œufs
150 g de farine de sarrasin
50 g de farine de froment
10 g de levure
25 cl de lait
35 cl de crème fraîche liquide
20 g de beurre ramolli
3 cuil. à soupe d'huile
100 g de roquefort
Quelques feuilles de cresson
6 cerneaux de noix
Sel, poivre du moulin.

Sauternes : incontournable avec le roquefort, servi à 8 °C.

Séparer les blancs d'œufs des jaunes.

Dans un saladier, mélanger les 2 farines avec une demi-cuillerée à café de sel.

Verser la levure dans le lait tiédi puis l'incorporer à la farine. Ajouter 25 cl de crème, le beurre et les jaunes d'œufs.

Mélanger jusqu'à obtention d'une pâte lisse puis laisser reposer au moins 2 heures.

Incorporer délicatement les blancs d'œufs battus en neige à la pâte.

Faire chauffer un peu d'huile dans une poêle et y verser une louche de pâte. Faire dorer les blinis de chaque côté.

Mélanger le roquefort et le reste de crème. Poivrer.

Servir les blinis accompagnés de cresson et de crème de roquefort décorée de cerneaux de noix.

Blinis sucrés

6 pers.

Préparation : 25 min
Cuisson : 6 min/blinis

125 g de beurre
125 g de farine de froment
200 g de sucre en poudre
100 g d'amandes en poudre
Le zeste de 1/2 citron râpé
5 blancs d'œufs.

Gaillac : vin blanc du Sud-Ouest, à boire jeune, servi de 7 à 8 °C.

Faire ramollir le beurre.

Mélanger la farine, le sucre, les amandes en poudre, le zeste de citron et le beurre ramolli.

Mélanger pour obtenir une pâte bien homogène.

Monter les blancs d'œufs en neige. En incorporer un tiers rapidement puis le reste délicatement.

Beurrer une petite poêle et y faire dorer les blinis.

Servir bien chaud.

Blinis aux céréales

4 pers.

Préparation : 35 min
Cuisson : 6 min/blinis

70 g de flocons d'avoine
45 cl de lait
2 œufs
2 cuil. à soupe de sucre en poudre
50 g de beurre
150 g de farine
10 g de levure chimique
Sel.

Rivesaltes : bu à partir de 4 ans, servi de 12 à 14 °C.

Mélanger les flocons d'avoine avec le lait et laisser gonfler 5 minutes. Battre les œufs avec le sucre et le beurre fondu dans un saladier. Tamiser la farine dans le saladier, ajouter la levure et une bonne pincée de sel.

Verser le lait avec les flocons d'avoine et mélanger.

Faire dorer ces blinis au beurre dans une petite poêle.

Servez tiède accompagné de miel ou de confiture.

Blinis au citron

Dans un saladier, mélanger les 2 farines avec 60 g de sucre et une pincée de sel.

Verser la levure dans le lait tiédi et remuer. Ajouter la crème fraîche et la moitié du zeste de citron.

Séparer les blancs des jaunes de 3 des œufs et réserver les blancs.

Ajouter les jaunes d'œufs et le lait contenant la levure à la farine sans cesser de remuer. La pâte doit être fluide.

Couvrir et laisser reposer pendant 2 heures.

Pendant ce temps, mélanger les 2 œufs restants avec le reste de sucre, le reste de zeste et le jus de citron. Faire chauffer ce mélange à feu doux sans cesser de tourner. Arrêter la cuisson aux premiers frémissements.

Hors du feu, ajouter 75 g de beurre coupé en petits morceaux et bien mélanger. Poursuivre alors la cuisson pendant une dizaine de minutes à feu très doux.

Laisser reposer au frais.

Monter les blancs en neige ferme puis les incorporer à la pâte. Ajouter 50 g de beurre fondu et mélanger.

Faire fondre un peu de beurre dans une poêle de petite dimension et y verser une louche de pâte. Laisser cuire à feu doux 3 minutes puis retourner le blinis pour faire dorer l'autre côté. Poursuivre jusqu'à épuisement de la pâte. Réserver les blinis au chaud au fur et à mesure.

Servir les blinis dans les assiettes nappés de crème au citron.

4 à 6 pers.

Préparation : 15 min
Cuisson : 15 min + 5 min/blinis
Repos : 2 h

150 g de farine de sarrasin
50 g de farine de froment
240 g de sucre en poudre
10 g de levure
25 cl de lait
25 cl de crème fraîche liquide
Le zeste de 2 citrons
5 œufs
Le jus de 3 citrons
135 g de beurre
Sel.

Coteaux-du-layon : vin blanc moelleux et délicat, servi de 8 à 10 °C.

Blinis au chocolat noir et à la poire

4 à 6 pers.

Préparation : 20 min
Cuisson : 5 min/blinis
Repos : 2 h

200 g de farine de froment
50 g de farine de sarrasin
2 cuil. à café de sucre roux en poudre
40 g de cacao en poudre
1 sachet de levure de boulanger
1 l de lait
15 cl de crème fraîche liquide
3 œufs
50 g de beurre fondu
150 g de chocolat noir
4 poires bien mûres
Sel.

Muscat de Mireval : un des rares vins à accepter le chocolat, servi de 10 à 12 °C.

Dans un saladier, mélanger les 2 farines avec le sucre, une pincée de sel et le cacao.

Verser la levure dans la moitié du lait tiédi et remuer. Ajouter la crème fraîche.

Séparer les blancs d'œufs des jaunes et réserver les blancs.

Ajouter les jaunes d'œufs et le lait contenant la levure à la farine sans cesser de remuer. La pâte doit être fluide.

Couvrir et laisser reposer pendant 2 heures.

Monter les blancs en neige ferme puis les incorporer à la pâte. Enfin, ajouter le beurre fondu.

Mettre le chocolat cassé en morceaux dans une casserole et le faire fondre à feu doux en ajoutant le reste de lait petit à petit. Réserver cette sauce chocolat au chaud.

Peler les poires et les couper en quartiers.

Faire fondre une noisette de beurre dans une poêle de petite dimension et y verser une louche de pâte. Laisser cuire à feu doux 3 minutes puis retourner le blinis pour faire dorer l'autre côté. Poursuivre jusqu'à épuisement de la pâte.

Disposer les morceaux de poires sur chaque blinis et napper de sauce chocolat.

Servir tiède.

Vous pouvez varier cette recette en remplaçant les poires par une boule de glace du parfum de votre choix.

Blinis coco-banane

4 à 6 pers.

Préparation : 15 min
Cuisson : 5 min/blinis
Repos : 2 h

200 g de farine de froment
50 g de farine de sarrasin
1 sachet de sucre vanillé
1 sachet de levure de boulanger
50 cl de lait
30 cl de crème fraîche liquide
3 œufs
100 g de beurre
2 bananes
10 cl de rhum
3 cuil. à soupe de noix de coco râpée
Sel.

Maury : idéal ce V.D.N. avec les fruits exotiques, servi de 10 à 12 °C.

Dans un saladier, mélanger les 2 farines avec le sucre vanillé et une pincée de sel.

Verser la levure dans le lait tiédi et remuer. Ajouter 15 cl de crème fraîche.

Séparer les blancs d'œufs des jaunes et réserver les blancs.

Ajouter les jaunes d'œufs et le lait contenant la levure à la farine sans cesser de remuer. La pâte doit être fluide.

Couvrir et laisser reposer pendant 2 heures.

Monter les blancs en neige ferme puis les incorporer à la pâte. Ajouter 50 g de beurre fondu et bien mélanger.

Faire fondre un peu de beurre dans une poêle de petite dimension et y verser une louche de pâte. Laisser cuire à feu doux 3 minutes puis retourner le blinis pour faire dorer l'autre côté. Poursuivre jusqu'à épuisement de la pâte. Réserver les blinis au chaud.

Couper les bananes dans le sens de la longueur puis en deux.

Faire fondre une noisette de beurre dans une poêle puis y faire dorer les bananes avant de les flamber au rhum.

Disposer les blinis dans les assiettes, y déposer les bananes puis saupoudrer de noix de coco râpée.

Blinis à la frangipane

4 à 6 pers.

Préparation : 20 min
Cuisson : 5 min +
5 min/blinis
Repos : 2 h

Pour les blinis :
3 œufs
150 g de farine de sarrasin
50 g de farine de froment
2 cuil. à soupe de sucre roux en poudre
10 g de levure
25 cl de lait
25 cl de crème fraîche liquide
20 g de beurre ramolli
Huile de tournesol.

Pour la crème frangipane :
75 cl de lait
1 sachet de sucre vanillé
1 œuf + 2 jaunes
100 g de sucre en poudre
100 g de farine
40 g de beurre ramolli
100 g d'amandes en poudre
50 g d'amandes effilées
Sel.

Coteaux de Saumur : vin blanc moelleux du Saumurois, servi de 8 à 10 °C.

Séparer les blancs d'œufs des jaunes.

Dans un saladier, mélanger les 2 farines avec le sucre.

Verser la levure dans le lait tiédi puis l'incorporer à la farine. Ajouter la crème, le beurre et les jaunes d'œufs.

Mélanger jusqu'à obtention d'une pâte lisse puis laisser reposer au moins 2 heures.

Pendant ce temps, faire chauffer le lait et le sucre vanillé.

Battre l'œuf et les jaunes d'œufs dans un saladier. Ajouter le sucre et une pincée de sel. Mélanger puis ajouter la farine et le lait encore chaud sans cesser de remuer.

Verser cette préparation dans une casserole et cuire à feu doux jusqu'aux premiers frémissements. Ajouter alors le beurre et la poudre d'amande et bien mélanger.

Reprendre la pâte à blinis et y incorporer délicatement les blancs d'œufs battus en neige.

Faire chauffer un peu d'huile dans une poêle et y faire dorer les blinis de chaque côté.

Répartir les blinis sur les assiettes et napper de crème frangipane.

Parsemer d'amandes effilées avant de servir.

Blintchiskis à la gelée d'orange

4 à 6 pers.

Préparation : 45 min
Cuisson : 5 min +
6 min/blinis
Repos : 30 min

3 œufs
100 g + 1 cuil. à soupe de sucre en poudre
75 cl de lait
200 g de farine
5 oranges
15 g de gélatine
25 g de beurre
Sel.

Saussignac : vin blanc riche et moelleux du Sud-Ouest, servi de 8 à 10 °C.

Dans un saladier, mélanger les œufs, 1 cuillerée à soupe de sucre, 1/2 verre de lait et la farine. Mélanger puis ajouter le reste de lait. Mélanger jusqu'à obtention d'une pâte lisse.

Presser 4 oranges et en prélever les zestes. Couper la cinquième orange en fines rondelles puis les mélanger avec le jus et 50 g de sucre. Laisser reposer 30 minutes. Verser le reste du sucre dans une casserole avec 1/2 verre d'eau et porter à ébullition.

Préparer la gélatine et l'ajouter au sirop avec le zeste. Porter à ébullition sans cesser de remuer. Hors du feu, ajouter le jus. Filtrer puis mettre au frais.

Faire fondre le beurre dans une petite poêle et y faire dorer les blinis sur un seul côté. Poser les blinis côté cuit vers le haut sur une planche à pâtisserie. Répartir la gelée sur les blinis puis les replier pour former de petites enveloppes.

Faire dorer les blintchiskis sur les deux faces et servir tiède.

Blintchiskis au miel

4 à 6 pers.

Préparation : 45 min
Cuisson : 6 min/blinis
Repos : 30 min

3 œufs
1 cuil. à soupe de sucre en poudre
75 cl de lait
200 g de farine
Le zeste de 1/2 citron
25 g de beurre
6 cuil. à soupe de miel liquide
Sel.

Coteaux-du-layon : blanc moelleux et délicat, servi de 8 à 10 °C.

Dans un saladier, mélanger les œufs, le sucre, 1/2 verre de lait et la farine. Mélanger puis ajouter le reste de lait et le zeste de citron. Mélanger jusqu'à obtention d'une pâte lisse.

Faire dorer les blinis dans une petite poêle sur un seul côté puis les replier pour former de petites enveloppes. Refaire dorer des deux côtés.

Servir chauds et nappés de miel.

Blinis à la pêche

4 à 6 pers.

Préparation : 30 min
Cuisson : 6 min/blinis
Repos : 2 h

3 œufs
150 g de farine de sarrasin
50 g de farine de froment
Sucre roux en poudre
10 g de levure
25 cl de lait
25 cl de crème fraîche liquide
Le jus de 1 citron
20 g de beurre ramolli
1 clou de girofle
500 g de pêches
Sorbet aux fruits
1/2 cuil. à café de poivre.

Séparer les blancs d'œufs des jaunes.

Dans un saladier, mélanger les 2 farines avec 2 cuillerées à café de sucre roux.

Verser la levure dans le lait tiédi puis l'incorporer à la farine. Ajouter la crème, la moitié du jus de citron, le beurre et les jaunes d'œufs.

Mélanger jusqu'à obtention d'une pâte lisse puis laisser reposer au moins 2 heures.

Pendant ce temps, mettre 2 cuillerées à soupe de sucre roux dans une casserole avec le clou de girofle, le poivre et 2 cuillerées à soupe de jus de citron. Ajouter 1/2 verre d'eau et porter à ébullition.

Éplucher les pêches, retirer les noyaux et les couper en morceaux. Les passer au mixeur avec le sirop épicé jusqu'à obtention d'une sauce onctueuse.

Reprendre la pâte à blinis et y incorporer délicatement les blancs d'œufs battus en neige.

Faire chauffer un peu de beurre dans une poêle et y faire dorer les blinis 3 minutes de chaque côté.

Disposer les blinis dans les assiettes avec une boule de sorbet et nappés de coulis de pêche.

Vous pouvez réaliser ce coulis avec de la mangue, que vous choisirez bien mûre.

Loupiac :
vin blanc liquoreux d'une grande finesse, servi de 8 à 10 °C.

Blinis aux pommes

4 à 6 pers.

Préparation : 15 min
Cuisson : 6 min/blinis
Repos : 2 h

200 g de farine de froment
50 g de farine de sarrasin
2 cuil. à café de sucre roux en poudre
1 sachet de levure de boulanger
50 cl de lait
15 cl de crème fraîche liquide
3 œufs
2 pommes (cox orange ou reine des reinettes)
50 g de beurre fondu
1/2 cuil. à café de cannelle
3 cuil. à soupe de miel liquide
Sel.

Un verre de **cidre bouché,** servi de 8 à 10 °C.

Dans un saladier, mélanger les 2 farines avec le sucre et une pincée de sel.

Verser la levure dans le lait tiédi et remuer. Ajouter la crème fraîche.

Séparer les blancs d'œufs des jaunes et réserver les blancs.

Ajouter les jaunes d'œufs et le lait contenant la levure à la farine sans cesser de remuer. La pâte doit être fluide.

Couvrir et laisser reposer pendant 2 heures.

Pendant ce temps, éplucher les pommes, retirer le centre puis les couper en tranches épaisses.

Dans une poêle, faire fondre un peu de beurre et y faire revenir les pommes. Réserver au chaud.

Monter les blancs d'œufs en neige ferme puis les incorporer à la pâte. Enfin, ajouter le beurre fondu.

Faire fondre une noisette de beurre dans une poêle de petite dimension et y verser une louche de pâte. Laisser cuire à feu doux 3 minutes puis retourner le blinis pour faire dorer l'autre côté. Poursuivre jusqu'à épuisement de la pâte.

Disposer les tranches de pomme dorées sur les blinis tièdes, saupoudrer de cannelle et napper de miel avant de servir.

Blinis à la compote de rhubarbe

6 pers.

Préparation : 25 min
Cuisson : 25 min +
6 min/blinis
Repos : 2 h

1 kg de rhubarbe
450 g de sucre en poudre
125 g de beurre
125 g de farine de froment
100 g d'amandes en poudre
1/2 citron
4 blancs d'œufs.

Barsac : vin blanc liquoreux, rond, harmonieux et ample, servi de 8 à 10 °C.

Effiler soigneusement les tiges de rhubarbe et les couper en petits tronçons. Verser 250 g de sucre dans un saladier et y ajouter la rhubarbe. Bien mélanger et laisser reposer 2 heures.

Mettre le contenu du saladier dans une casserole et porter à ébullition. Poursuivre la cuisson une vingtaine de minutes à feu doux, en remuant régulièrement.

Faire ramollir le beurre.

Dans un saladier, mettre la farine, le reste de sucre, les amandes en poudre, le zeste du demi-citron et le beurre ramolli. Mélanger pour obtenir une pâte bien homogène.

Monter les blancs d'œufs en neige et les incorporer au reste de la pâte.

Beurrer une petite poêle et y faire dorer les blinis.

Servir les blinis tièdes accompagnés de compote.

Blinis et sorbet citron-vodka

6 pers.

Préparation : 25 min
Cuisson : 6 min/blinis

Pour la garniture :
250 g de sucre en poudre
Le jus de 4 citrons
1 blanc d'œuf
10 cl de vodka.

Pour la pâte :
125 g de farine de froment
200 g de sucre en poudre
100 g d'amandes en poudre
Le zeste de 1/2 citron râpé
125 g de beurre ramolli
4 blancs d'œufs.

Rien à ajouter à ce dessert avec **vodka.**

Faire bouillir un grand verre d'eau avec le sucre puis laisser refroidir.

Ajouter ensuite le jus de citron et le blanc d'œuf battu. Verser cette préparation dans une sorbetière et faire congeler.

Mélanger la farine, le sucre, les amandes en poudre, le zeste de citron et le beurre ramolli.

Mélanger pour obtenir une pâte bien homogène.

Monter les blancs d'œufs en neige et les incorporer au reste de la pâte.

Beurrer une petite poêle et y faire dorer les blinis.

Au moment de servir, disposer le sorbet sur les blinis et arroser de vodka.

Table des Matières

Dépôt légal 4e trim. 2004 - n° 2 893